L'EUROPE

AU

DIX-SEPTIÈME SIÈCLE,

PAR

M. FRANÇOIS DE BOURGOING.

(Extrait de la REVUE CONTEMPORAINE, livraison du 15 juin.)

PARIS,

AUX BUREAUX DE LA REVUE CONTEMPORAINE,

FAUBOURG MONTMARTRE, NUMÉRO 13.

1853.

L'EUROPE

AU DIX-SEPTIÈME SIÈCLE

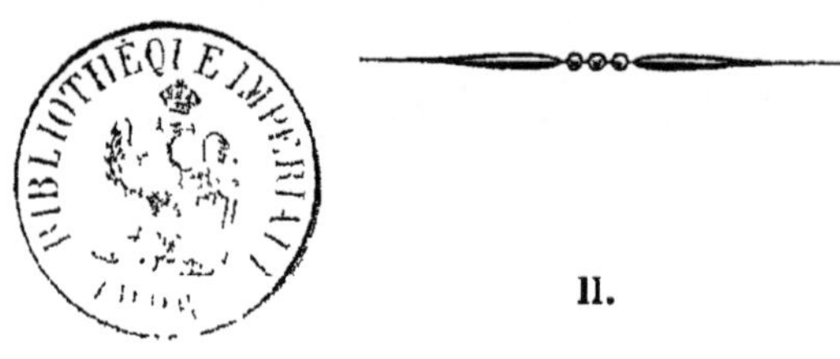

II.

LES POSSESSIONS ITALIENNES DE L'ESPAGNE.

Nè te vedrei del non tuo ferro cinta
Pugnar col braccio di straniere genti
Per servir sempre o vincitrice o vinta.
FILICASA.

Pendant la première moitié du seizième siècle, l'Italie fut à la fois le théâtre et le prix de la lutte mémorable que soutinrent, l'une contre l'autre, l'Espagne et la France, et dont Charles-Quint et François Ier furent les héros. Au vainqueur devait appartenir la prédominance dans le pays le plus beau et le plus fertile d'Europe, alors le centre de la civilisation renaissante. Déchiré par ses discordes intestines, atteint d'une corruption prématurée, il était devenu incapable de se gouverner lui-même, il attendait un maître. La bataille de Pavie lui apprit pour qui la fortune se prononçait, et trente ans plus tard, après de vains efforts pour reconquérir l'avantage, Henri II abandonnait, par le traité de Cateau-Cambresis (1559), toute prétention sur ces contrées si justement nommées à cette époque *le tombeau des Français*. Philippe II et ses héritiers purent dès lors régner sans rivaux sur des états qui comprenaient la moitié du territoire et de la population de la Péninsule. Au midi la Sicile et le royaume de Naples recevaient des vicerois de Madrid ; l'île de Sardaigne était depuis longtemps une dépendance du royaume d'Aragon ; au centre, une partie de l'île d'Elbe avec Porto Longone, plusieurs ports de Toscane (Orbitello, Telamone, Porto Ercole et Final sur la côte de Ligurie) appartenaient aux rois catholiques. Ces places peu importantes par elles-mêmes le devenaient par la facilité qu'avaient d'y débarquer les troupes envoyées d'Espagne, dans le Milanais, en Allemagne et dans les Pays-Bas. Les Médicis ne possédaient le Siennois qu'à condition de donner à l'occasion certains secours à l'état de Milan. Gênes, depuis le grand Doria, n'avait cessé d'être dévoué aux descendants de Charles V, et l'argent de ses capitalistes était venu plus d'une fois au secours de leurs finances embarrassées. Enfin au nord, le Milanais était pour la monarchie une province aussi précieuse par sa fécondité que par sa position politique et militaire. En effet, ce duché touchait à la fois au Piémont et aux provinces de terre ferme de la république de Venise ; il n'était séparé que par une courte distance des états héréditaires de la branche allemande de la maison d'Autriche. Ainsi la branche espagnole se trouvait presque limitrophe de son alliée naturelle ; elle faisait sentir tout le poids de sa puissance aux petits princes de l'Italie centrale, au Pape lui-même, et menaçait aussi bien l'ambitieuse et guerrière maison de Savoie que la prudente et puissante ville de Saint-Marc.

Les diverses parties de l'Italie soumises aux rois catholiques avaient chacune un gouvernement distinct. Une seule institution leur était commune, c'était le conseil d'Italie siégeant à Madrid. Composé de membres espagnols et italiens, il décidait en dernier ressort les questions administratives et judiciaires les plus graves. — Dans chaque possession, un grand seigneur espagnol, sous le nom de vice-roi ou de gouverneur, exerçait l'autorité souveraine ; il avait auprès de lui, suivant l'usage castillan, des conseils avec des attributions très-variées ; il disposait d'une force armée espagnole, mais à côté de ce pouvoir étranger que la conquête avait en quelque sorte appliquée sur le pays, la constitution propre à chaque contrée avait été plus ou moins respectée suivant les circonstances qui avaient amené la réunion à la couronne et le caractère des peuples ; le représentant du souverain n'avait donc pas partout la même autorité ; la Sicile avait les libertés les plus étendues, le Milanais avait conservé de nombreux priviléges, tandis que, dans le royaume de Naples, le système d'oppression et d'exaction était poussé à l'extrême. — Cette diversité dans l'exercice d'un même pouvoir n'est pas une des traditions les moins dignes d'attention qu'aient laissées à leurs successeurs Ferdinand-le-Catholique et Charles-Quint. C'est une preuve manifeste de la profonde connaissance que ces grands politiques avaient de la nature humaine. Ils ne rêvaient qu'au pouvoir absolu, ils ne croyaient qu'en lui, ils y tendaient toujours, et cependant dans la pratique ils savaient garder ces tempéraments sans lesquels on ne peut rien fonder de durable.

SARDAIGNE.

La Sardaigne était presque plus catalane qu'italienne. Comme l'Espagne elle avait subi le joug des Mahométans ; arrachée à la domination des infidèles, elle avait d'abord obéi aux Pisans ; puis, au milieu du moyen-âge, les rois d'Aragon s'en étaient emparés. Les relations entre l'île et les côtes orientales de l'Espagne étaient devenues plus fréquentes, et tandis que les montagnards de l'intérieur avaient conservé leurs mœurs primitives, les habitants du littoral s'étaient fortement mêlés aux autres populations soumises aux mêmes princes[1]. Il s'était établi par exemple entre Algher, la principale ville maritime de la côte occidentale, et Barcelone, un échange de bons procédés tels qu'un Alghérais siégeait parmi les magistrats de Barcelone, et un Barcelonais parmi ceux d'Algher, et que les citoyens d'une des deux villes avaient dans l'autre les mêmes priviléges que les habitants.

Le gouvernement de la Sardaigne ressemblait fort à celui des provinces de la couronne d'Aragon. L'assemblée des cortes se réunissait ordinairement tous les dix ans ; elle se composait des trois ordres nommés *stamenti* : le militaire, c'est-à-dire les possesseurs de fiefs et tous les nobles du royaume, le royal ou les députés des villes et villages soumis à la juridiction de la couronne, l'ecclésiastique ou les archevêques, les évêques, les abbés et les députés des chapitres. Un vice-roi exerçait l'autorité souveraine : d'ordinaire il ne restait en charge qu'un temps assez court, trois ans en général.

Le régime féodal était demeuré en pleine vigueur dans l'île. Les villes avaient d'assez grands priviléges, mais les parties du pays sou-

---

[1] Nous croyons intéressant de reproduire à l'appui de notre assertion l'oraison dominicale dans les deux dialectes sardes, celui des villes et celui des campagnes, tels que les donne une description générale de l'Europe, imprimée en 1643. Les personnes qui ont quelque teinture des langues romanes pourront, en comparant ces deux morceaux, apercevoir facilement combien le patois des villes se rapproche davantage de l'idiome qu'on parle encore sur la côte orientale d'Espagne, et mesurer par là l'action que cette contrée avait exercée sur la Sardaigne.

Patois des campagnes.	*Patois des villes.*
Babu nostru, saghale ses in sos chelus santusiado su nomine tuo. Bengiad su rennu tuo : faciadsisa voluntade tua, comente in chelo et in sa terra. Su pane nostru dogniedie donna a nos ateros huæ : et lassa a nos ateros is debitus nostrus comente e nos ateros lassans a is debitores nostrus ; et no nos portis in su tentatione, impero libera nos da su male.	Pare nostre, che ses en lors cels, sia sanctificat lo nom teu : venga lo regne teu. Fasase la volonta tua axicom en lo cel, i en la terra. Lo pa nostre cotida donna a nos altres hui i deixa a nos altres los deutes nostres, axiocom i nos altres dexiam a is deutois nostres I no nos induescas eis la tentatio : muès livra nos del mal.

mises à la noblesse ou au clergé étaient impitoyablement pressurées, et presque partout la misère du paysan était extrême.

Etre maître de la Sardaigne, ce n'était du reste pour le Roi catholique qu'un avantage négatif, il lui importait qu'une île située entre les côtes de Valence et le royaume de Naples ne fût point aux mains d'un autre souverain. D'ailleurs, c'était une contrée encore sauvage, peu habitée, malsaine en beaucoup de points, dévastée par les Barbaresques; enfin de nul produit, car les impôts qu'on y prélevait et qui, au milieu du dix-septième siècle, étaient d'environ trois cent mille ducats, suffisaient à peine à couvrir la dépense. Aussi c'était une province qu'on négligeait fort à Madrid.

SICILE.

De toutes les possessions italiennes de la maison d'Autriche, la Sicile était la plus indépendante. Ce n'était point un pays conquis; elle s'était donnée volontairement aux princes aragonnais, lors de leur lutte avec la maison d'Anjou et sa fidélité aux héritiers des Rois normands lui avait valu avec la conservation de ses priviléges plus de faveur que n'en rencon¹raient le royaume de Naples et le Milanais réunis à la monarchie par les victoires de Ferdinand-le-Catholique et de Charles V.

La Sicile avait conservé une représentation nationale, un *parlement* composé de trois ordres ou *bras* qui se réunissaient en même temps, mais qui, chacun, délibéraient séparément et communiquaient entre eux par commissaires; c'étaient le bras seigneurial où étaient appelés heréditairement les barons; le bras ecclésiastique qui avait pour membres les évêques et un certain nombre d'abbés; le bras domanial où siégeaient les députés élus par les corps municipaux des quarante-deux villes ou bourgs appartenant au domaine royal. Depuis Charles V, le parlement, qui auparavant se tenait annuellement, ne se réunissait plus en assemblée générale que tous les trois ans, sauf les cas imprévus dans lesquels avaient lieu des assemblées dites extraordinaires. A la fin de chaque session générale, les trois bras nommaient chacun quatre membres qui formaient ensemble une commission chargée de faire exécuter, pendant l'intervalle des sessions, les arrêtés du parlement et de soutenir ses droits. Comme le souverain ne pouvait établir d'impôts que dans des cas graves et urgents tels que le rachat du Roi captif, une invasion, une révolte à l'intérieur, la grande occupation des États était la fixation du don gratuit, ils le refusaient ou l'accordaient librement; ils en fixaient le taux et réglaient le mode de perception; enfin ils y mettaient des conditions à leurs votes, et en récompense de ce qu'ils accordaient, sollicitaient des faveurs. Ce n'était

point toujours sans peine que le vice-roi obtenait les sommes qu'il
avait charge de demander, et plus d'une fois pour réussir il lui fallut
avoir recours à l'adresse. Les barons qui faisaient payer l'impôt par
leurs vassaux et les ecclésiastiques ne résistaient pas souvent, mais
les villes étaient plus difficiles à persuader et ne se laissaient pas
vaincre aisément.

Toutefois, le trésor royal trouvait en Sicile une autre source de revenus dans les douanes et surtout dans le monopole de l'exportation
des blés [1]. Dans un pays où l'industrie était aussi peu développée, les
douanes établies à Palerme et à Messine étaient d'une médiocre im-
portance, mais l'antique terre de Cérès, la vieille nourrice du peuple
romain, était restée fertile en froment, elle en alimentait le royaume
de Valence, Malte, les côtes arides de la Ligurie et même la république de Venise quand elle était en guerre avec les Turcs. Tous les
ans le vice-roi fixait la quantité qu'on pouvait vendre aux étrangers ;
les propriétaires transportaient alors la part de la récolte qui excédait
la réserve faite à la consommation de l'île dans les magasins royaux
établis dans huit des principaux ports ; ils recevaient un prix déterminé
à l'avance par le vice-roi qui, en même temps, établissait le tarif auquel les blés ainsi emmagasinés seraient vendus aux étrangers ; la
différence entre le prix payé par les acheteurs du dehors et le prix ac-
cordé aux producteurs nationaux formait le bénéfice de la couronne.
On conçoit que la fixation de tout ce qui avait rapport à ce commerce
eût une influence immense sur la situation de la contrée tout en-
tière, et que ce fut une des préoccupations les plus constantes et
un des soins les plus délicats du gouvernement des vice-rois.

Les barons avaient conservé leur pouvoir féodal ; possesseurs
de vastes domaines, seigneurs de nombreux vassaux, ils s'affaiblis-
saient par leur luttes intestines. Les villes aussi avaient leurs priviléges, les deux plus peuplées surtout, Messine et Palerme. Toutes
deux apportaient à la défense de leurs droits une ardeur égale, et
elles s'armèrent plus d'une fois pour en maintenir l'intégrité. Messine
fixait elle-même ses impôts ; ses tribunaux exerçaient une juridiction

---

[1] Il y avait quelques autres branches de revenus, mais assez peu considérables : les confiscations, les ventes de fiefs, les impôts pour la construction des
ponts, ports et forteresses. Toutes ces recettes ne paraissent point avoir dé-
passé à la fin du seizième siècle et au commencement du dix-septième la
somme de trois cent mille ducats. Toutefois la Description générale de 1643
porte le total des revenus de la Sicile à un million de ducats ; il résulterait de
ce chiffre, s'il est exact, une forte augmentation dans les impôts. Quoi qu'il en
soit, les recettes ne paraissent jamais s'être élevé beaucoup au-dessus des dépenses faites dans l'île même, et en général elles n'ont guères profité au trésor
espagnol.

sans appel sur tout le territoire environnant; elle était administrée par un magistrat, le *stratico*, nommé, il est vrai, par le Roi, mais qui ne pouvait être révoqué par lui et qui d'ailleurs partageait l'autorité avec un sénat de six membres élus partie par le peuple, partie par la noblesse, et avec les conseils des vingt métiers qui composaient la bourgeoisie. Palerme avait des immunités presqu'aussi étendues. Ces deux fières communes étaient divisées par une haine séculaire et prétendaient également au titre de capitale du royaume. Messine arguait de l'antiquité de ses franchises octroyées par les Rois normands et rappelait avec hauteur les vieux souvenirs de Rome, dont elle avait été une colonie. Palerme se faisait un titre de la résidence habituelle du vice-roi dans ses murs; elle s'enorgueillisait de l'influence qu'elle exerçait toujours sur les cités de Catane, d'Agrigente et de Trapani. Cette rivalité des deux grandes villes partagea souvent l'île en deux camps. En 1647, Palerme, émue par les troubles de Naples, se révolta pour obtenir une réduction d'impôts, son exemple fut suivi par le reste de l'île, mais Messine resta paisible et soumise. Plus tard, en 1676, ce fut Messine qui se souleva sous prétexte de violation de ses priviléges, et plus hardie en sa rebellion elle appela l'étranger et reçut une garnison française dans ses murs; pendant ce temps, Palerme et les autres cités demeuraient fideles, et quand, lors de la paix de Nimègue, les troupes de Louis XIV évacuèrent la ville insurgée, elle fut punie de sa déloyauté par la perte de ses principales libertés.

C'est au milieu de toutes ces passions et de tous ces intérêts divers que les vice-rois avaient à se mouvoir; les obstacles ne manquaient donc pas à leur autorité, mais ils ne laissaient pas que d'avoir entre les mains certains moyens d'action qui leur permettaient de soutenir la lutte; ils avaient autour d'eux comme une image du gouvernement espagnol : un conseil où siégeaient les principaux fonctionnaires, une petite armée castillane, enfin l'inquisition qui, il est vrai, d'après les instructions du cabinet de Madrid, n'agissait dans l'île qu'avec une grande modération. L'administration de la justice était constituée de telle sorte que les vice-rois exerçaient sur elle une action prépondérante. Les trois principales cours du royaume, la Grand'Cour, la Sacrée-Conscience et le Domaine étaient composées de juges qui, pour la plupart, étaient nommés par eux pour deux ans seulement et par conséquent dans leur étroite dépendance. Il est vrai que, comme tous les fonctionnaires de l'île, ces magistrats devaient être Siciliens, ou tout au moins mariés à une Sicilienne et établis dans le pays. Il résultait naturellement de là que le vice-roi avait contre lui les fonctionnaires inamovibles et ne pouvait compter sur l'appui que de ceux qui ne l'étaient point.

Néanmoins, dans la lutte continuelle qu'ils avaient à soutenir, les vice-rois succombaient d'ordinaire. Les Siciliens, ardents à la défense de leurs priviléges, se ménageaient, avec le plus grand soin, des auxiliaires à Madrid pour y détruire le crédit de leur ennemi naturel, et c'était là que s'établissait la lutte entre eux et lui. Les membres du conseil d'Italie, les hommes en faveur pres du prince étaient circonvenus, et les attaques multipliées finissaient par réussir. A la suite de plaintes plus ou moins fondées portées contre eux, les vice-rois étaient rappelés et soumis, avant leur retour, à ces terribles enquêtes qu'on nommait *sindications*, et dont le nom seul effrayait tous les agents que les Rois catholiques employaient à leur service hors de la Péninsule.

Ces luttes des diverses classes de la nation entre elles, ces combats livrés aux tentatives d'empiétement du vice-roi absorbaient complétement l'activité des Siciliens. Occupés de la défense de leurs droits, de leurs querelles intestines, ils se mêlaient peu aux affaires générales de la monarchie, et s'ils évitaient ainsi d'être aussi opprimés que les habitants des autres provinces, jamais non plus aucun reflet de la gloire de l'Espagne ne rejaillissait sur eux et sur leur pays.

ROYAUME DE NAPLES.

Dans le royaume de Naples, le despotisme royal s'exerçait sans entraves. Le pouvoir de la maison d'Autriche n'avait pu s'y établir qu'à la suite de luttes acharnées avec la France qui conserva longtemps, dans le pays, un parti puissant connu sous le nom de parti angevin. Pour écraser les nombreux seigneurs qui reconnaissaient le Roi très-chrétien comme héritier des princes Capétiens de la maison d'Anjou, les premiers vice-rois espagnols durent déployer une énergie extrême, et dans cette lutte où ils triomphèrent leur pouvoir acquit une force irrésistible. Le cabinet de Madrid, dont l'autorité dans le Royaume[1] avait été longtemps contestée, soutenait vigoureusement ses représentants à Naples, il n'admettait pas facilement les plaintes portées contre eux et quiconque leur résistait ou les inquiétait éprouvait un châtiment rapide et sévère.

Le gouvernement napolitain avait plus d'un point de ressemblance avec celui de Castille. Le vice-roi avait près de lui trois conseils, seuls contrepoids de son absolu pouvoir. En première ligne venait le conseil collatéral, espèce d'imitation du conseil d'Etat de Madrid. Il se

---

[1] Par le mot *il Regno* tout court, les Italiens ont coutume de désigner le royaume de Naples.

composait d'un régent et de quatre conseillers, deux Napolitains et deux Espagnols qui se réunissaient quotidiennement au palais pour décider les questions les plus importantes du moment. Quelques assesseurs, dits de robe courte, y étaient aussi parfois appelés, mais sans grand crédit. Nul décret n'avait force de loi sans l'approbation de ce conseil. Les fonctions du conseil de Castille étaient remplies à peu près par le conseil de Santa Chiara, qui prononçait en dernier ressort sur les sentences des autres cours du royaume. Les onze conseillers qui y siégeaient, et dont cinq étaient espagnols et six italiens, ne pouvaient être destitués qu'avec une difficulté extrême. Un autre corps souverain, appelé la *Sommaria della Camera*, jugeait les affaires relatives au domaine du Roi. Au-dessus de tous ces conseils, le conseil d'Italie exerçait de Madrid sa suprême influence.

Rien n'était plus confus que la législation du royaume. Ramas de débris laissés par les conquérants divers qui avaient tour à tour opprimé ce malheureux pays, elles se composaient à la fois de lois romaines, de constitutions lombardes, normandes et germaniques, de capitulaires angevins, de pragmatiques aragonnaises et espagnoles. Le droit canon régissait les hommes et les biens d'église, enfin certaines villes avaient leurs coutumes particulières, les unes comme à Naples, à Amalfi et à Gaète, empruntées à la législation grecque du temps où ces municipes étaient soumis au gouvernement bysantin, les autres telles qu'à Bari, ayant leur origine dans les concessions des Rois lombards. Au milieu d'un tel dédale, les légistes qui en tenaient le fil avaient, à chaque instant, dans leurs mains le sort des citoyens. Les vice-rois comprirent qu'il y avait là un instrument redoutable de tyrannie. Fidèle aux traditions du plus habile d'entre eux, du lieutenant de Charles V, le fameux Pierre de Tolède, ils aidèrent au développement de la puissance des hommes de loi, ils se servirent d'eux pour écraser la noblesse avec apparence d'équité et trouvèrent trop souvent des jurisconsultes dont la servilité fournissait toujours des sophismes pour justifier les excès de la puissance. En outre, la confusion, qui existait à Naples comme en Espagne, de pouvoirs judiciaires et administratifs dans les mêmes mains, aidait singulièrement à ce système politique.

Les fonctionnaires relevaient tous des conseils que nous avons nommés. Les vice-rois choisissaient parmi les candidats que chaque collége présentait pour les places vacantes, et la cour de Madrid laissait à cet égard plein pouvoir à son représentant. Il y avait encore un connétable, un grand amiral, un grand sénéchal, un grand trésorier, un grand pronotaire, un grand chancelier, mais les charges cachées sous ces titres pompeux n'étaient plus qu'un souvenir du passé sans éclat, sans autorité. Beaucoup d'emplois étaient occupés par des

Espagnols, ou à leur défaut par ceux qu'on nommait jannissaires, c'est-à-dire par des fils d'Espagnols établis dans le pays.

Cinq à six mille espagnols occupaient, d'ordinaire, le pays, et formaient le *terzo* de Naples, et quelques autres corps d'infanterie et de cavalerie; il existait en outre une nombreuse milice indigène. Les armées des Rois catholiques s'y recrutèrent bien souvent, et leur infanterie y trouva des soldats qui se signalèrent par leur intrépidité sur tous les champs de bataille de l'Europe.

Ce système de gouvernement purement absolu ne rencontrait de résistance dans aucune classe de l'État. — Le royaume de Naples avait possédé, comme presque tous les autres pays de l'Europe, une représentation nationale, un Parlement où siégeaient les barons ayant fief, les députés de quelques villes, et certains dignitaires ecclésiastiques. Cette assemblée avait eu jadis le privilége de voter librement les impôts, mais peu à peu les réunions étaient devenues moins fréquentes, les membres avaient été tenus dans une étroite dépendance du pouvoir. Le Parlement avait ainsi fini par n'être plus qu'un simulacre destiné à cacher la tyrannie des vice-rois; puis, à partir de 1642, il ne fut plus convoqué.

La noblesse, très-nombreuse dans le royaume, avait été longtemps divisée entre les deux factions d'Anjou et d'Aragon; la première avait fini par être brisée, mais de cette lutte il resta entre les seigneurs un esprit de division qui ne leur permettait pas de se réunir, dans un concert quelconque, pour résister aux vice-rois, ils furent promptement domptés, et l'éclat de leurs titres fut avili à dessein par des créations nouvelles accordées moyennant écus à d'indignes sujets. En même temps, on les attirait à Naples par l'espoir de quelque vaine dignité, et on les y voyait avec plaisir dépenser le plus net de leurs revenus pour y étaler un faste inutile. C'était d'ailleurs une maxime d'État chez les Espagnols d'entretenir les divisions entre la noblesse et la bourgeoisie napolitaines. Les seigneurs se dédommageaient de leur nullité dans le gouvernement en exerçant avec plus d'âpreté, dans les campagnes, les droits féodaux qui leur étaient restés. Dans leurs terres, maîtres de la justice criminelle et civile par les tribunaux nommés par eux, entourés de bandes de *bravi* qu'ils entretenaient à leur solde et employaient à l'exécution violente de leurs caprices, ils pressuraient sans pitié leurs malheureux vassaux, et leur faisaient lourdement sentir le poids de leur puissance.

La situation du clergé napolitain était toute particulière, et tenait aux relations singulières qui existaient entre le royaume de Naples et le Saint-Siége. On sait que, depuis la conquête normande, les Papes n'avaient cessé de se regarder comme les suzerains du royaume. Les Rois catholiques ne déniaient pas précisément ce droit, mais ils s'ef-

forçaient de le rendre de nul effet, et de n'en laisser d'autre vestige
que la nomination à un grand nombre de bénéfices et l'hommage que
leur ambassadeur rendait tous les ans au souverain pontife, en lui
offrant, le jour de saint Pierre, une haquenée blanche et six mille écus
d'or. Ils s'opposaient à ce qu'aucune pièce émanant de la cour de
Rome pût être publiée avant d'avoir reçu préalablement l'exequatur
royal. A cet effet, un fonctionnaire ecclésiastique, nommé le *capellano
major*, était occupé à l'examen de ces sortes de documents, et vérifiait,
avant leur introduction, s'ils n'avaient trait qu'au spirituel et ne tou-
chaient point au temporel. Il avait entrée au conseil collatéral pour y
faire des rapports sur les matières ecclésiastiques.

A la suite du Concile de Trente, lorsque les Papes s'efforcèrent de
rétablir la discipline et d'étendre le pouvoir ecclésiastique sur beaucoup de points que le pouvoir civil prétendait régler, et en particulier
en matière de juridiction, les États italiens, et surtout les possessions
espagnoles, Naples spécialement comme fief du Saint-Siége, furent
exposés à ces tentatives d'empiétements ; mais les Rois catholiques,
très-disposés à soutenir la foi par leurs armes, et à combattre de
toutes leurs forces l'hérésie, l'étaient beaucoup moins à rien céder
de leur puissance temporelle ; ils soutinrent avec vigueur leurs vice-
rois dans la résistance qu'ils opposèrent aux souverains pontifes. Lors
de la publication de la bulle *in cœnâ Domini*, le duc d'Alcala eut à
vaincre les plus grandes difficultés, et l'appui de Philippe II ne lui fit
point défaut. On sait que dans cette bulle célèbre le Pape Pie V mul-
tipliait singulièrement les cas où les princes, et les autres dépositaires
du pouvoir temporel, encourraient l'excommunication pour des actes
purement politiques, et qu'en particulier elle était portée contre les
souverains qui établiraient illégalement de nouveaux impôts. D'Alcala
s'opposa à la publication de la bulle; plusieurs évêques menacèrent
alors de refuser les sacrements à ceux qui percevraient ou paieraient
les impôts contrairement aux prescriptions papales. Toutefois, le Roi
ordonna de tenir ferme, et la publication ne fut jamais faite dans le
royaume.

Mais si, dans certaines occasions, le clergé montrait un grand dé-
vouement au Saint-Siége, il n'en existait pas moins, dans une partie
considérable de ses membres, une crainte sérieuse de voir la domination papale s'établir trop absolument, et troubler par des mesures
réformatrices leur douce quiétude. Satisfaits des nombreuses immunités tant réelles que personnelles dont ils jouissaient, les ecclésiastiques
napolitains furent, plus d'une fois, les alliés de la couronne, dans les
luttes qu'elle soutenait contre les tentatives des souverains pontifes.
Les Rois avaient d'ailleurs, dans ces débats, l'appui de la noblesse usur-
patrice de nombreux biens d'église qu'elle voulait conserver, et de la

bourgeoisie jalouse des exemptions que n'aurait pas manqué de valoir
aux ecclésiastiques un gouvernement sacerdotal.

Les villes n'opposaient point de résistance; l'art des vice-rois avait
été de semer la discorde entre elles et la noblesse. Naples cependant
tenait une place exceptionnelle; c'était certainement la ville la plus
peuplée de la monarchie, et peut-être de la chrétienté[1]. Elle avait
des priviléges municipaux assez bizarres, comme il arrivait au moyen-
âge, alors que les circonstances particulières faisaient varier de l'une
à l'autre les immunités que chaque cité parvenait à obtenir. Dans les
temps les plus reculés de la monarchie, il existait à Naples, comme
dans beaucoup d'autres lieux du royaume, des places découvertes
nommées *seggi*, où se réunissaient les hommes notables; ces *seggi*,
d'abord au nombre de vingt-neuf, furent réduits plus tard à cinq, et
finirent par se tenir dans des locaux fermés. Charles d'Anjou leur
accorda le premier des priviléges qui en firent une espèce de représentation de la capitale, et même du royaume. Ces assemblées étaient,
dans le principe, composées uniquement de gentilshommes; au bout
d'un certain temps, les bourgeois, jaloux de ce droit de la noblesse,
obtinrent de former un *seggio* qui prit le nom de *seggio* du peuple.
Les *seggi* avaient le droit de choisir le corps municipal de Naples, qui
se composait d'un syndic, de six élus, un par *seggio*, et d'un conseil
de vingt-neuf membres en mémoire des vingt-neuf *seggi* des temps
passés. Les *seggi* administraient en outre les revenus de la ville, con-
cédaient le droit de citoyen aux étrangers qui semblaient le mériter,
et avaient, dans certains cas, une autorité judiciaire. Nulle charge nou-
velle ne pouvait être imposée à la ville sans leur autorisation. Naples, la
ville *très-fidèle*, titre dont elle se targuait hautement, avait embrassé
fort chaudement le parti de la maison d'Autriche contre les Angevins,
et ses habitants avaient reçu en échange, de Charles-Quint, des priviléges considérables; longtemps ils conservèrent pour ses descendants un vif attachement et un profond respect. Toutefois, ils surent,
par une résistance énergique, s'opposer à l'établissement de l'inquisition dans le royaume, et quand Pierre de Tolède chercha
à introduire ce tribunal redouté, il y eut dans la ville un soulèvement
si sérieux, que Charles V céda et promit de ne jamais enlever la
connaissance des délits d'hérésie à la juridiction ordinaire. Plus tard,
au plus fort de la guerre de Trente-Ans, quand l'oppression fut à son
comble, et que les exactions odieuses qu'avaient amenées la détresse

---

[1] Suivant le baron de Modène, qui a laissé des mémoires fort curieux sur
l'insurrection de 1647, Naples comptait alors six cent mille âmes. — Le duc
de Rivas, dans son récent travail sur le même événement, ne donne à cette
époque que quatre cent mille habitants à la ville.

financière de l'Espagne eurent poussé à bout la nombreuse populace des lazzaroni, éclata, en 1647, cette terrible insurrection dont Masaniello et Gennaro Annese furent les chefs, et qui, s'étendant de la capitale aux provinces, faillit faire perdre aux Rois catholiques un des plus beaux fleurons de leur couronne.

Soumis à un gouvernement sans frein, le peuple napolitain fut peut-être un des plus opprimés qu'il y ait jamais eu, et suivant la parole d'un contemporain, *toutes les Indes ne valurent jamais autant à l'Espagne que Naples, et on pouvait lui donner le nom de Potosi de l'Europe.* Les vice-rois, maîtres absolus du pays, le gouvernaient, non dans l'intérêt public mais dans le leur propre. Pendant le temps assez court de leur puissance (ils n'étaient souvent laissés en charge que trois ans) ils cherchaient à tirer du pays qu'ils gouvernaient le plus d'argent possible et pour le Roi, et pour eux-mêmes. On peut citer de leur part des traits d'avidité vraiment incroyables. Sous Philippe IV, par exemple, les villes relevant directement du Roi furent obligées de payer, pour obtenir la promesse de rester attachées au domaine de la couronne ; puis l'argent donné, des cités telles que Sorrente, Averse, Nole, Salerne, Cosenza, furent vendues à des seigneurs ; elles résistèrent à cet acte insigne de mauvaise foi ; mais pour conserver leurs priviléges de ville royale, il leur fallut se racheter une seconde fois. Les fonctionnaires inférieurs imitaient l'exemple qui leur venait d'en haut, et cherchaient à faire fortune au moyen de leurs places. De là une corruption inouïe, les emplois donnés au plus offrant, la justice vénale, les dépenses les plus essentielles négligées, les troupes incomplètes et mal payées, les côtes sans défense et infestées par les barbaresques. On vit, chose incroyable, au commencement du dix-septième siècle, les Turcs enlever, près de Caprée, à la vue de la flotte qui était ordinairement à l'ancre au môle de Naples, deux galères siciliennes qu'il fut impossible de secourir faute d'avoir pu réunir, en temps utile, les rameurs, les soldats et les munitions nécessaires. Les plus grands crimes se rachetaient à prix d'argent, et on se rappelle encore avec horreur le fait de ce baron de Nardo qui, ayant une difficulté avec les chanoines de son chapitre, les fit décapiter, exposa les vingt-quatre têtes dans l'église, et en fut quitte pour payer une certaine indemnité.

Un simple exposé des finances du royaume pendant deux siècles sera la preuve la plus claire de la dureté du régime auquel il était soumis. Au commencement du règne de Charles V, les impôts étaient d'un million de ducats ; lorsque Philippe II monta sur le trône, ils s'élevaient à deux millions ; à la fin de son règne, ils atteignirent deux millions et demi. Pendant les vingt premières années de la guerre de Trente-Ans, le royaume paya plus de quatre-vingt millions de ducats en impôts de toute espèce, soit quatre millions chaque année [1]. Dans le même temps il s'épuisait en hommes et fournissait plus de cinquante milles recrues aux troupes espagnoles.

Le sol était possédé par un petit nombre de propriétaires; les majorats, les biens de main-morte étaient très-nombreux, et à Naples comme en Espagne, cette division vicieuse de la propriété condamnait à la misère un pays qu'achevaient d'épuiser des impôts exorbitants. L'agriculture dépérissait faute de bras et de capitaux, l'industrie et le commerce n'existaient pas, et il fallait la fécondité inépuisable de ce pays aimé du ciel pour qu'il ne se transformât point en un vaste désert. Le peuple, sur qui en définitive retombait le poids de toutes les charges, était réduit à la misère la plus extrême ; tout effort individuel pour s'enrichir cessait, car le pauvre savait à l'avance que son travail ne lui profiterait pas. Il advint aussi que les plus énergiques des paysans, exaspérés par le triste sort qui leur était réservé, s'enfuyaient dans la montagne, se mettaient en guerre avec une organisation sociale qui les rendait misérables et vivaient de leurs rapines. Des bandes nombreuses se formaient ainsi, et on vit dans les Calabres jusqu'à quinze cents bandits réunis et tenant tête à des forces militaires considérables. Dans les dernières années du seizième siècle, un chef fameux, Marco Sciarra, à la tête de six cents hommes, rançonna les Abruzzes, repoussa quatre mille soldats envoyés contre lui, et signa des traités avec la république de Venise. Il y eut un moment où trente

---

[1] Voici la liste des impôts payés dans le royaume de Naples, telle que la donne le livre *de Principatibus Italiæ*, imprimé en 1626 :

Tribut ordinaire	120,568
Tribut pour le paiement de l'infanterie espagnole.	216,236
Tribut pour le paiement des soldats nommes Barigelli.	18,506
Tribut pour l'entretien des tours de la côte.	25,348
Tribut pour l'entretien des chemins	41,640
Tribut pour le paiement des cuirassiers (equites cataphracti).	74,900
Droit sur les troupeaux	241,264
Droit sur la soie et le safran	148,000
Droit sur le fer, l'acier, la poix	16,836
Droit sur les marchandises	212,045
Droit sur le vin.	970,000
Droit sur l'huile et le savon.	104,000
Droit sur les cartes.	15,310
Droit sur les animaux tués à Naples	11,690
Amendes	34,000
Droit sur la manne.	700
Droit sur différents légumes.	4,000
Revenu des fiefs, dit de Tacina.	24,577
Revenu des cathédrales, possédées par le Roi	50,000
Revenus divers (relevia compositiones, aliæ ejuscemodi causæ).	150,000

Ce qui forme un total de trois millions de ducats.

Il y avait en plus le don gratuit qui s'élevait chaque année à douze cent mille ducats.

mille personnes abandonnèrent leur pays natal, pour aller se fixer dans les Etats du Grand Seigneur, et les émigrés se vantaient d'être moins foulés par le gouvernement turc que par celui du Roi catholique. — Beaucoup allaient dans les villes, et surtout à Naples pour y vivre au hasard, comptant sur la douceur du climat et leur peu de besoins. A peine vêtus, couchant en plein air, se contentant pour toute nourriture de quelques pâtes et de quelques fruits, ils formaient à Naples une population nombreuse qu'on a estimée à trente mille âmes. On les nommait lazzaroni, et le vice-roi compta plus d'une fois avec cette vile populace, toujours prête au désordre, et avec les chefs que, chaque année, elle se donnait par acclamation. On la vit, un jour, sous les ordres de Masaniello qu'elle avait mis ainsi à sa tête, chasser la garnison espagnole de la ville et en faire pendant plusieurs mois le théâtre des scènes d'horreur et de pillage (1647).

Cette tentative de rebellion fut la seule qui menaça sérieusement le gouvernement espagnol à Naples. Les Rois catholiques avaient éprouvé, lors de la conquête, une vive opposition de la part du parti angevin que la France soutint longtemps de ses armes, mais une fois qu'il eût été écrasé et que par la paix de Cateau-Cambresis il eût perdu toute espérance, quelques familles seulement conservèrent d'impuissants regrets, et la soumission devint complète. Les vice-rois appliquèrent habilement du reste la fameuse devise : *divide et impera ;* ils entretenaient soigneusement les divisions entre les seigneurs, la haine entre la noblesse, la bourgeoisie et. le peuple ; et les soulèvements qu'amenèrent les exactions financières ou la crainte de l'inquisitition, ne furent jamais de nature à inquiéter le gouvernement de Madrid sur l'existence même de son pouvoir ; tous les complots tramés pour rendre le pays indépendant échouèrent presque sans coup férir. Dans les dernieres années du seizième siècle, un homme doué d'un esprit puissant, mais bizarre, et qui a laissé sa trace dans l'histoire de l'esprit humain, le dominicain calabrais Thomas Campanella, animé par un mélange de mysticisme et d'ambition, voulut rendre sa patrie maîtresse de ses destinées ; à l'aide de prédications violentes et de prédictions fondées sur l'étude profonde qu'il avait faite de l'astrologie judiciaire, il fit de nombreux prosélytes, surtout parmi les moines, il entra même en rapport avec un pacha turc ; mais la conspiration fut découverte, et beaucoup de ceux qui y avaient trempé périrent dans les supplices ; quant à Campanella, emprisonné comme fou, il finit, après une longue captivité, par se réfugier à Paris, où il mourut pensionné par le cardinal de Richelieu. Quelques années plus tard, un vice-roi, le duc d'Ossuna, célèbre par son caractère entreprenant et la part qu'il prit à la mystérieuse conjuration de Bedmar contre Venise, voulut se rendre indépendant ; mais ses projets furent dévoilés et déjoués sans

qu'il pût tirer l'épée. Lors même du mouvement plus sérieux
de 1647, ce ne fut qu'après de longues hésitations que la populace
napolitaine se décida à renoncer à l'obéissance due aux successeurs de Charles-Quint et à mettre à sa tête le romanesque héritier
des Guises, le représentant des Angevins. Le grand mobile du peuple
napolitain, dans cette terrible prise d'armes, fut bien plus la haine de
la noblesse que celle des Espagnols, et quand D. Juan d'Autriche, fils
naturel de Philippe IV, fut envoyé pour dompter les rebelles, il trouva
dans les seigneurs du royaume le plus puissant appui, et ce fut en
grande partie à leur aide [1] qu'il dut de rentrer à Naples en vainqueur.
Si l'on songe que cette insurrection n'éclata qu'après vingt ans d'une
guerre désastreuse, dans un pays soumis à un régime d'exactions
financières inouï et où la féodalité s'exerçait avec une rigueur plus
digne du treizième que du dix-septième siècle, alors qu'un souffle des-
tructeur parcourait l'Europe, à la veille de la Fronde, quelques mois
avant le supplice de Charles Iᵉʳ d'Angleterre, il faut reconnaître que le
gouvernement espagnol ne soulevait pas à Naples une antipathie aussi
grande qu'on pourrait le supposer. Plus tard, quand les Autrichiens
chassèrent les Castillans du royaume, ils ne trouvèrent nul appui dans
les populations, et lorsque, quelques années après, un prince espagnol,
l'infant D. Carlos, reconquit l'héritage de ses pères, il fut reçu au milieu de la joie et de l'assentiment presqu'unanimes.

MILANAIS.

En conquérant le duché de Milan [2], Charles V avait voulu surtout

---

[1] On peut voir à la fin du deuxième volume de l'ouvrage du duc de Rivas
l'état des forces amenées devant Naples, au secours des Espagnols, par les barons napolitains.

[2] Le Milanais, au dix-septième siècle, n'avait point les mêmes limites qu'a,
de nos jours, le royaume lombardo-vénitien. Il était borné au nord par la
Valteline ou haute vallée de l'Adda, alors soumise aux ligues Grises, maintenant
province autrichienne, par les baillages suisses qui forment aujourd'hui le
canton du Tessin, enfin par la grande chaîne des Alpes qui le séparent du
Valais. A l'ouest, la Sessia, le Pô étaient ses limites avec le Piémont et le
Montferrat; il s'étendait au-delà de ce dernier fleuve jusqu'aux frontières de
la république de Gènes et des fiefs impériaux, de façon à comprendre Alexan-
drie, Tortone, Voghera et Stradella. Au-dessous de cette dernière ville, le Pô
redevenait la frontière jusqu'au-delà de Crémone. A l'est, il avait pour voisins
le duché de Mantoue et les territoires de Côme, Brescia et de Bergame, soumis à la domination vénitienne. Pontremoli et son territoire dans l'Apennin
relevaient aussi de Milan, et le gouverneur de Final, sur la côte de la Ligurie,
était sous les ordres de celui du duché.

Quant aux présides de Toscane, nom que portaient les places occupées par
les Espagnols dans cette contrée, ils étaient sous la dépendance immédiate du
vice-roi de Naples.

s'assurer une position politique et militaire importante. Il voyait par la réunion de cette riche province à ses vastes domaines son influence en Europe agrandie, les Pays-Bas rapprochés, l'Allemagne, la Suisse, l'Italie septentrionale en contact avec sa puissance continentale. Le principal soin du gouverneur que les Rois catholiques entretinrent à Milan fut donc tourné vers l'influence extérieure. Eloignés du centre de la monarchie, voisins de pays alliés qu'il fallait protéger, incertains qu'il fallait maintenir, ou ennemis qu'il fallait surveiller, ils avaient nécessairement une liberté d'action assez grande et par suite une influence réelle sur la politique générale de la monarchie. Au couchant, la Savoie était pour eux un sujet de préoccupations constantes ; tantôt l'ambition désordonnée et la foi punique de l'astucieux Charles-Emmanuel, tantôt la faiblesse de ses successeurs menacés par la France, toujours prête à repasser les monts, éveillaient leurs inquiétudes et les faisaient courir aux armes. Au nord, les rapports avec la Suisse et les Grisons demandaient à être soigneusement maintenus. La Valteline était une province dont la conquête était précieuse ; unie au Milanais, elle l'eût relié aux États héréditaires de la Maison d'Autriche par la vallée de l'Adda où récemment le cabinet de Vienne a fait tracer cette magnifique route du Stilvio, si utile pour le passage des troupes qui vont d'Allemagne en Lombardie ; ce but auquel l'ambition espagnole tendit toujours, elle ne l'atteignit jamais, elle ne put que construire le fort élevé au débouché de la vallée par le gouverneur Fuentès, pour en fermer le passage.—C'était de Milan que l'Espagne étendait sa main puissante sur les Médicis de Florence, les Gonzagues de Mantoue, les Est de Modène et de Ferrare, et servait parfois d'arbitre aux querelles de ces princes qui ne subissaient qu'en frémissant l'influence étrangère. A l'est enfin, le gouverneur devait observer Venise, la seule puissance italienne qui par sa force et l'habile politique de ses patriciens conservât une complète indépendance vis-à-vis de la maison d'Autriche. Bien que la république ne fût pas l'ennemie déclarée de l'Espagne, la diversité d'intérêt laissait subsister entre les deux États une malveillance sourde qui, un jour, éclata si singulièrement par la conspiration encore inexpliquée de Bedmar contre la ville des Doges.

La constitution intérieure du duché de Milan ne présentait pas d'ailleurs des difficultés bien considérables au gouvernement espagnol. Cette contrée n'avait jamais eu d'unité, c'était, à proprement parler, une agglomération de communes, soumises successivement par les Visconti et les Sforze au gouvernement du même tyran, mais conservant sous son joug une existence municipale, des lois et des priviléges distincts. Pendant longtemps même, les citoyens d'une commune ne purent posséder dans une autre.

Cet état de choses n'avait rien qui dût déplaire aux Espagnols. Des libertés locales qui avaient survécu au pouvoir de despotes aussi ombrageux que les Sforze n'étaient pas faites pour les inquiéter. Les communes gardèrent donc, dans certaines limites, une indépendance relative, assez grande, et, par commune, il ne faut pas entendre seulement les villes, mais encore le territoire entourant chacune d'elles et soumis à ses lois[1]. Le gouvernement municipal était resté entre les mains d'un conseil général, composé d'un nombre variable, mais considérable de membres qui portaient le nom de décurions et que présidait un podestat, choisi par le gouverneur. Là s'était conservé, comme dans presque tout le midi de l'Europe, les traditions des curies romaines et l'organisation aristocratique que les vainqueurs du monde avaient donnée à leurs municipes; les décurions se recrutaient généralement eux-mêmes par l'élection, et par suite, c'était toujours aux mains des citoyens les plus éminents par la naissance et la richesse que se trouvait remis le pouvoir. En Lombardie, les nobles avaient d'autant plus facilement pris la supériorité dans les cités que, de bonne heure, à l'exception de quelques seigneurs des Apennins, ils avaient abandonné la vie féodale des châteaux pour se fixer dans les villes, y prendre part au gouvernement intérieur et y obtenir la suprématie.

Les conseils généraux avaient dans leurs attributions le soin de répartir l'impôt ordinaire, nommé *mensuale*, et de donner leur assentiment toutes les fois qu'un don gratuit était demandé par le gouverneur espagnol. Malgré ces garanties, les Milanais se plaignaient beaucoup du système d'exaction établi chez eux. Un proverbe, qui courait l'Italie, disait : « L'officier de Sicile ronge; celui de Naples mange, et celui de Milan dévore[2]. » Ces plaintes paraissent, toutefois, avoir été exagérées. Il est certain, en tous cas, que, sous la domination espagnole, la prospérité du Milanais fut grande, et que ses industries, et en particulier ses manufactures d'armes et d'étoffes de soie, furent florissantes.

Les priviléges des communes respectés, le gouverneur nommé par le Roi Catholique avait des pouvoirs civils et militaires étendus; il avait à sa disposition une armée presque exclusivement espagnole,

---

[1] Les plus importantes étaient Milan, Côme, Crémone, Lodi.
[2] Naples aurait eu bien plus le droit de se plaindre. Le royaume, plus vaste et plus peuplé, sans doute, mais moins fertile et moins industrieux que le duché, paya toujours beaucoup plus, et vit ses charges augmenter dans une proportion bien autrement considérable. Les chiffres suivants le prouveront. Sous Charles V, les impôts étaient de 1,000,000 de ducats à Naples et de 400,000 à Milan; dans les premières années du dix-septième siècle, ils s'élevaient pour Naples à 4,200,000 ducats et à 800,000 seulement pour Milan.

dont faisait partie le *terzo* de Lombardie, fameux dans les guerres de Flandre. Suivant l'usage castillan, il avait près de lui un conseil composé de treize hommes d'épée ou de robe, dont il prenait l'avis en matière grave, et qui gouvernait en son absence.

Le principal obstacle que rencontrait sa volonté, c'était le sénat, l'unique corps dont le pouvoir s'etendît sur tout le duché. Il était peu dans les habitudes du gouvernement espagnol de constituer fortement un corps de magistrature; aussi l'origine de celui-ci était-elle française. Le sénat, créé par Louis XII pendant sa courte conquête du Milanais, à l'imitation des parlements français, avait survécu à nos défaites, et conservé, non-seulement le droit de rendre la justice, mais encore une part considérable dans l'administration. Il pouvait refuser sa ratification à certaines nominations faites par le gouverneur, et ordonner l'enquête la plus sévère contre les fonctionnaires, après leur sortie de charge. Les peines qu'il prononçait ne pouvaient être remises par le gouverneur qu'avec son assentiment; enfin, il s'appuyait sur une double magistrature, qui, sous les noms de magistrature ordinaire et de magistrature extraordinaire, était chargée de l'administration des revenus, de la surveillance des fonctionnaires subalternes et de la solution des difficultés relatives à la perception des revenus royaux. Les sénateurs étaient inamovibles; trois d'entre eux seulement étaient Espagnols, et il était d'usage que chacune des principales communes eût un de ses citoyens parmi eux. Un corps aussi puissant devait naturellement avoir des luttes fréquentes avec le gouverneur; l'issue en était diverse. Parfois le gouverneur succombait, comme il arrive souvent, quand un homme seul, soumis au caprice d'un maître, combat contre un corps nombreux et armé de priviléges; et plusieurs d'entre eux furent soumis à des sindications, ce remède qu'apportait l'Espagne au gouvernement absolu de ses agents. D'autres fois, au contraire, le Roi prenait parti pour son représentant, et l'on vit Philippe II, dans de semblables conflits, tancer vigoureusement le sénat, lui reprocher de chercher à étendre démesurément les limites de son autorité, et lui interdire toute protestation contre les actes de clémence du gouverneur.

Des circonstances particulières, plus que les lois, donnèrent aussi aux archevêques de Milan, pendant la première période de la domination espagnole, une influence considérable. L'antique gloire de leur siége, la part considérable qu'avaient prise, pendant le moyen-âge, au gouvernement de la commune, plusieurs de leurs prédécesseurs, les entouraient d'un prestige qui fut encore augmenté quand la mître archiépiscopale fut placée sur la tête d'un des hommes les plus éminents du siècle, d'un des plus grands saints qu'honore l'Eglise. Charles Borromée, issu d'une famille illustre dans le duché, fut un des promoteurs les plus actifs du mouvement puissant de réaction, qui, à la fin du seizième siècle et à la suite du concile de Trente, se fit sentir dans l'Église , combattit à la fois le protestantisme et le relâchement de la discipline , et sauva l'intégrité de la foi en rétablissant la pureté des mœurs ecclésiastiques. Dans l'ardeur du bien qui le consumait, l'homme de Dieu ne s'arrêta devant aucun obstacle, et il n'échappa que par miracle aux coups des assassins qu'envoyèrent contre lui ceux dont il voulait réformer les mœurs. Pour donner à la juridiction ecclésiastique la puissance sur toutes les matières, qu'il lui croyait le droit de régir , il n'hésita pas à engager un conflit avec le pouvoir civil ; se souvenant sans doute que l'entrée de cette cathédrale, qu'il sanctifiait pour la seconde fois, avait été refusée par son héroïque et éloquent prédécesseur Ambroise au Grand Théodose , il ne craignit pas, pour vaincre la résistance du gouverneur, de le retrancher de la communion des fidèles. Philippe II, quelque jaloux qu'il fût du maintien de son autorité, s'inclina devant cette sentence et abandonna celui qui s'était compromis pour le soutien des droits de la couronne. Le successeur et le neveu du grand archevêque, Frédéric Borromée, voulut marcher sur ses traces ; il fit une guerre à outrance à la corruption des mœurs, entreprise bien rude dans une ville aussi riche et aussi élégante que Milan ; il chercha à attirer devant les tribunaux ecclésiastiques toutes les causes qui pouvaient se rattacher indirectement aux canons de l'Eglise ; mais, moins heureux que saint Charles, il trouva dans le gouverneur Don Juan Velasco un adversaire dont il ne put vaincre la tenacité.

La guerre de Trente-Ans, en transformant le Milanais en un arsenal de guerre, eut pour effet de donner plus de vigueur à l'autorité du gouverneur, et les dernières années du règne de Philippe IV s'écoulèrent sans que des difficultés graves soient venues entraver la marche du gouvernement espagnol.

Tel que nous venons de le décrire, le gouvernement des Rois catholiques n'excitait pas en Italie de grandes résistances. Sans doute , il n'est pas impossible de trouver des traces du sentiment national froissé et des protestations individuelles contre le joug étranger ; on peut rappeler les paroles de l'ennemi acharné de Philippe II, du Pape Caraffa (Paul IV) s'indignant de voir *des hommes naguère valets d'écurie en Espagne, devenus les seigneurs de l'Italie ;* mais, en somme, la masse des populations subissait le joug sans trop murmurer, soit qu'il y eût de nombreuses sympathies entre elle et ses maîtres, soit que le caractère national ait été plus abaissé qu'à aucune époque, pendant la période que les historiens d'au-delà des Alpes appellent le *scicento,* et flétrissent de leur mépris comme la moins glorieuse de leurs annales. Les exactions financières poussées très loin, surtout à Naples, profitaient bien souvent à des gens du pays; d'ailleurs, ce sont les froissements d'opinion, la hauteur, la dureté, l'incompatibilité des humeurs, bien plus que des impôts plus ou moins lourds, qui amènent le soulèvement des peuples conquis. Le gouvernement du cabinet de Madrid s'exerçait de loin; il était indolent et doux quand les populations soumises étaient en conformité religieuse avec son ardente foi catholique. Il y avait, en outre, entre les races italiennes, surtout celles du Midi, et les Espagnols, plus d'un trait commun de caractère. Des grands hommes nés dans la Péninsule, même en dehors des possessions de l'Espagne, lui consacraient leurs services; Colomb et Vespuce découvraient pour elle l'Amérique; Farnèse et Spinola lui conservaient les Pays-Bas. A côté des terçios espagnols combattaient de nombreuses troupes italiennes, avec ce courage qu'elles ont si souvent déployé au service d'une cause étrangère. Les rares soulèvements qu'amenèrent les exactions financières, les violations d'anciens priviléges ou l'introduction de mesures étrangères au génie national, n'eurent jamais rien qui pût inquiéter les Rois catholiques pour le maintien de leur autorité. Lorsque l'édifice de la monarchie de Charles V s'écroulait de toutes parts, seules de toutes les possessions espagnoles les provinces italiennes ne firent aucune tentative pour secouer le joug. Les Provinces-Unies avaient beau s'insurger, la Belgique ne rentrer dans l'obéissance qu'après des flots de sang répandu, le Portugal reconquérir son indépendance, la Catalogne elle-même rompre avec la Castille, Naples n'essayait qu'une révolte impuissante, soutenue uniquement par la plus vile populace et domptée en grande partie par les efforts de la noblesse du pays; Milan se taisait; la Sicile, tout à la conservation de ses priviléges, combattait quelquefois pour les défendre, mais ne songeait pas à renoncer à l'obéissance jurée à la maison d'Autriche.

En définitive, la domination espagnole ne cessa en Italie que par l'intervention étrangère, et si elle ne fut pas alors défendue avec énergie par les peuples, il est sûr aussi que les nouveaux conquérants ne trouvèrent dès l'abord nul accueil, et rencontrèrent plus tard des résistances et des haines inconnues à leurs prédécesseurs.

FRANÇOIS DE BOURGOING.

Paris. — Imprimerie de E. Brière, rue Sainte-Anne 55.